Слова Мудрости

Главы из Библии Детям

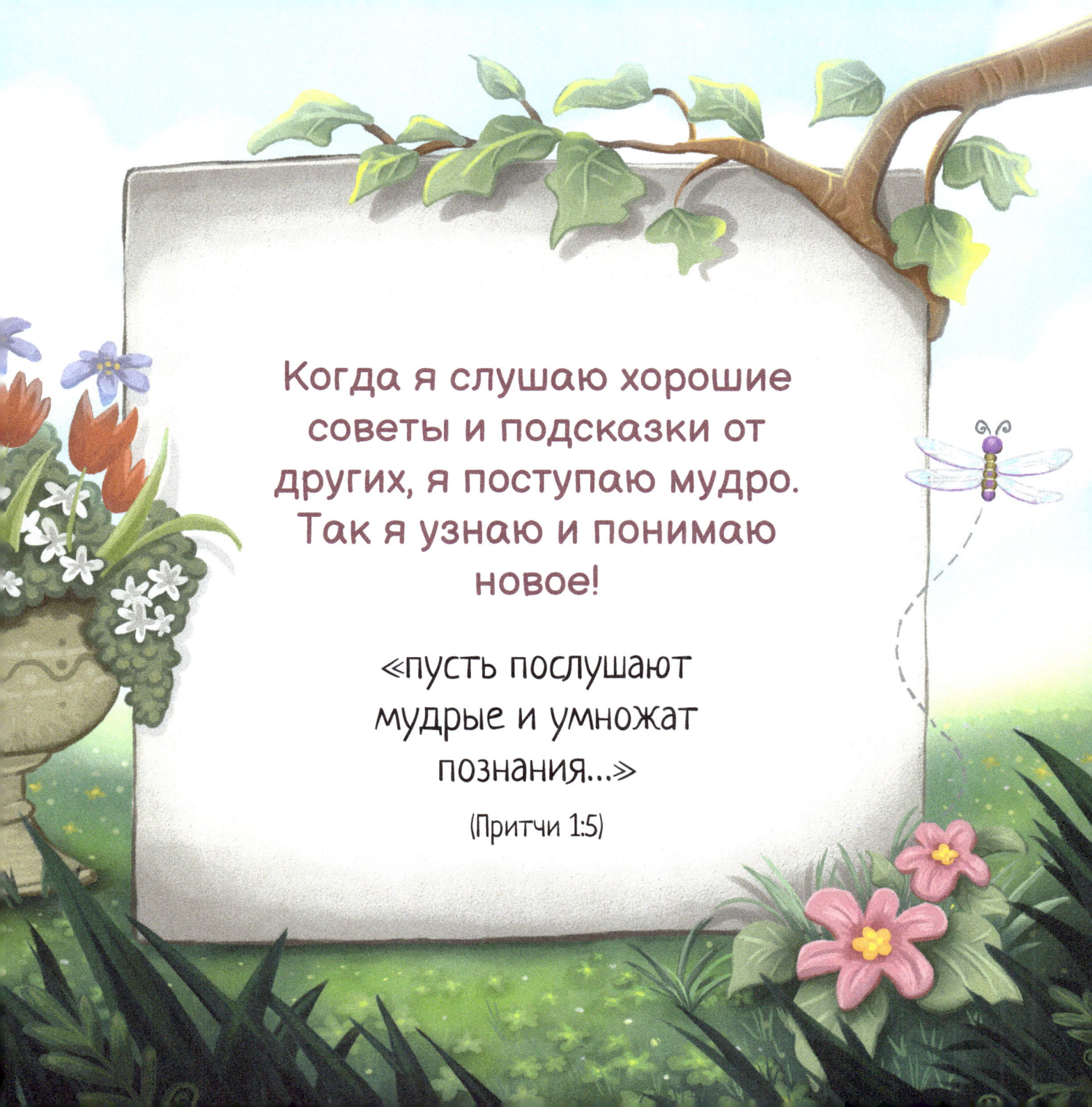

Когда я слушаю хорошие советы и подсказки от других, я поступаю мудро. Так я узнаю и понимаю новое!

«пусть послушают мудрые и умножат познания...»

(Притчи 1:5)

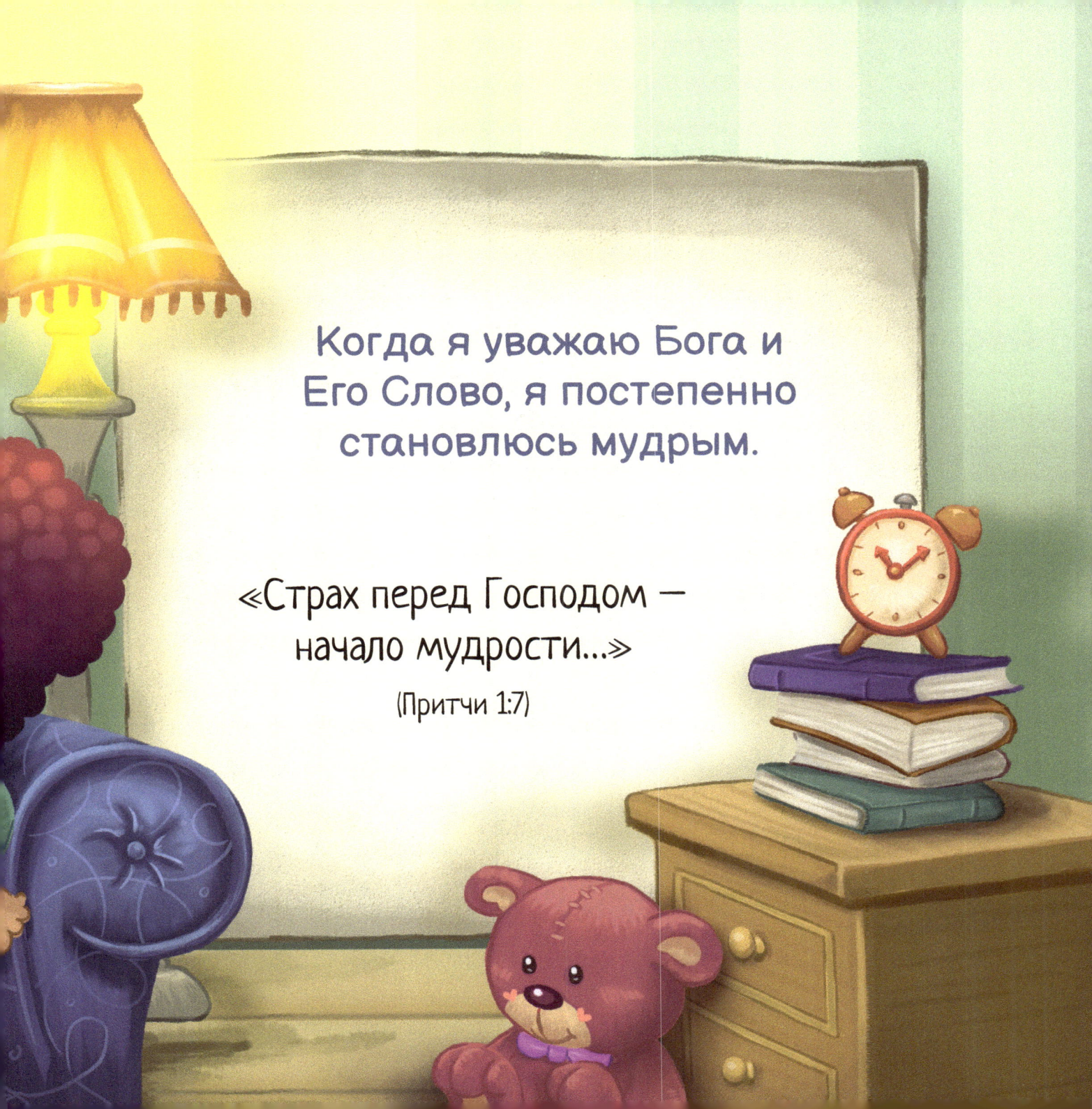

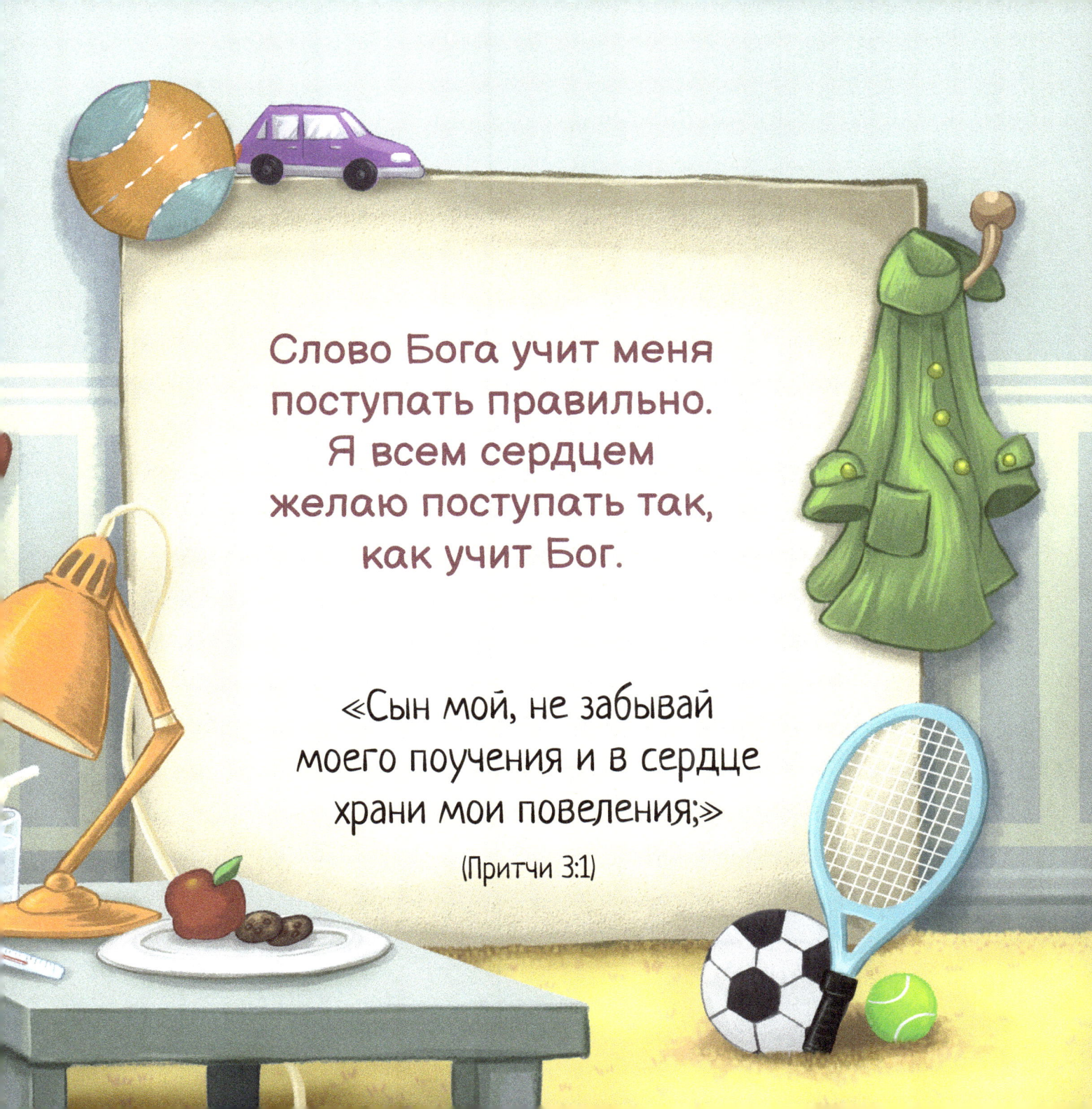

Слово Бога учит меня поступать правильно. Я всем сердцем желаю поступать так, как учит Бог.

«Сын мой, не забывай моего поучения и в сердце храни мои повеления;»

(Притчи 3:1)

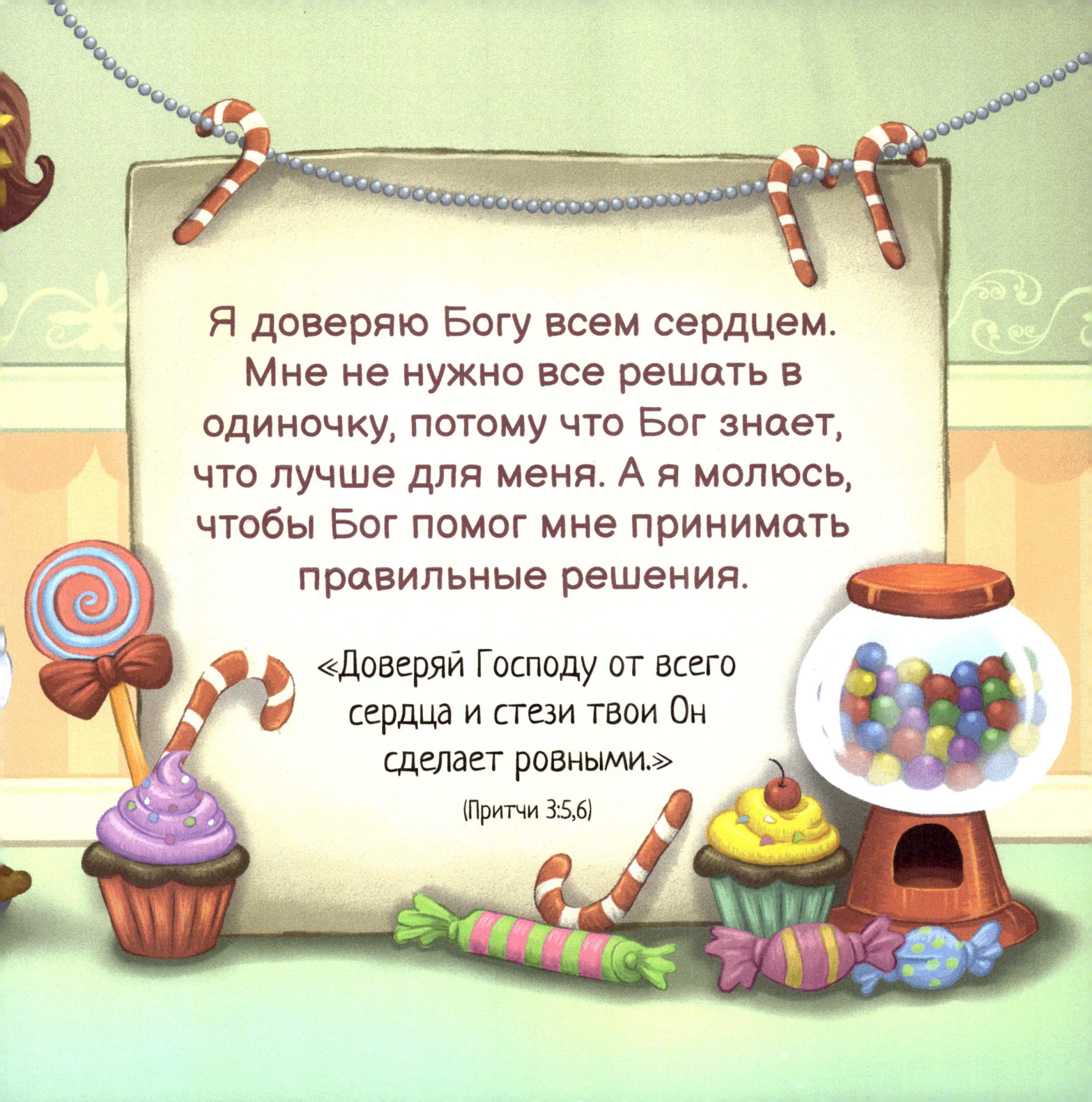

Я доверяю Богу всем сердцем. Мне не нужно все решать в одиночку, потому что Бог знает, что лучше для меня. А я молюсь, чтобы Бог помог мне принимать правильные решения.

«Доверяй Господу от всего сердца и стези твои Он сделает ровными.»

(Притчи 3:5,6)

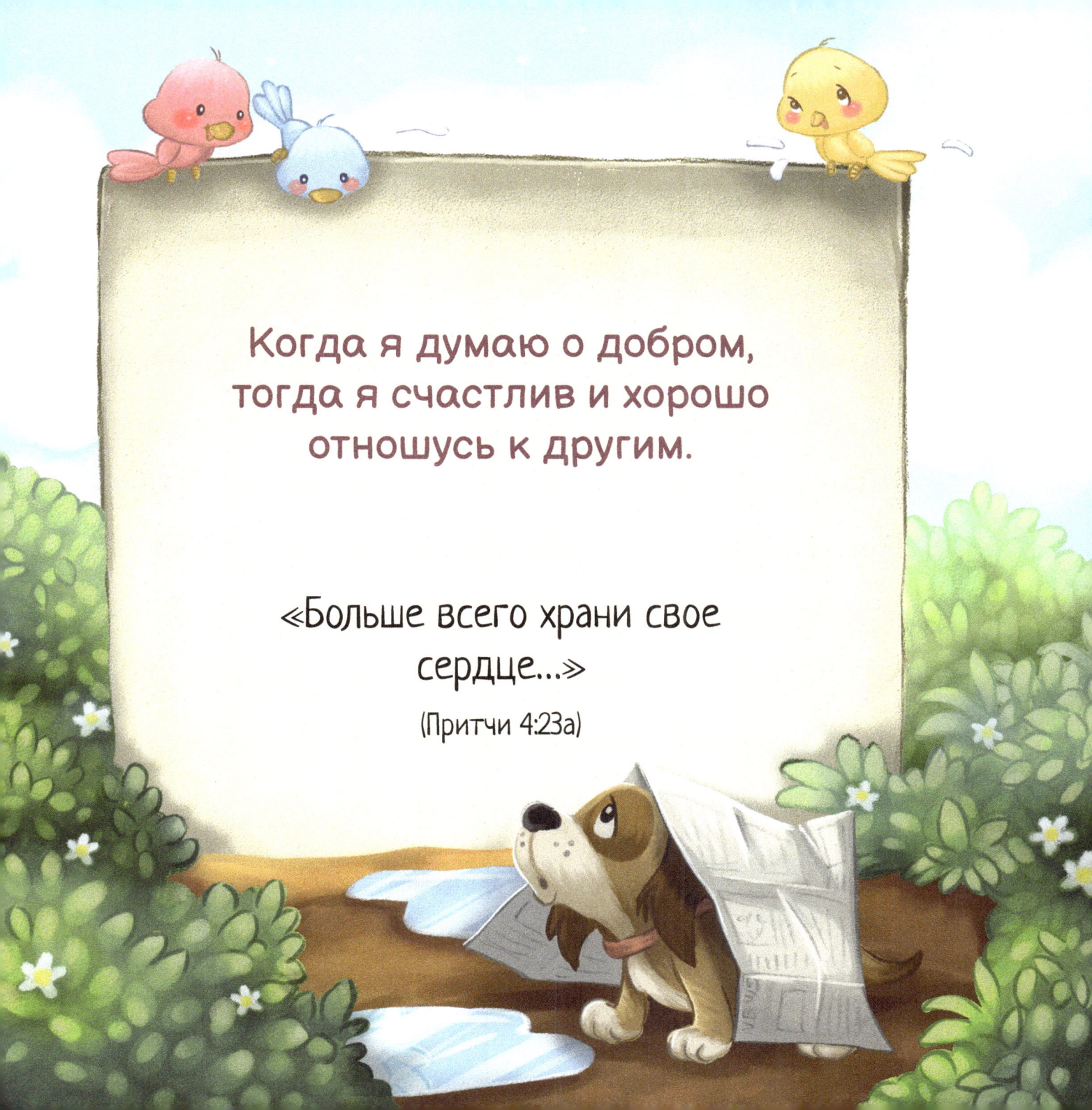

Когда я думаю о добром, тогда я счастлив и хорошо отношусь к другим.

«Больше всего храни свое сердце...»

(Притчи 4:23а)

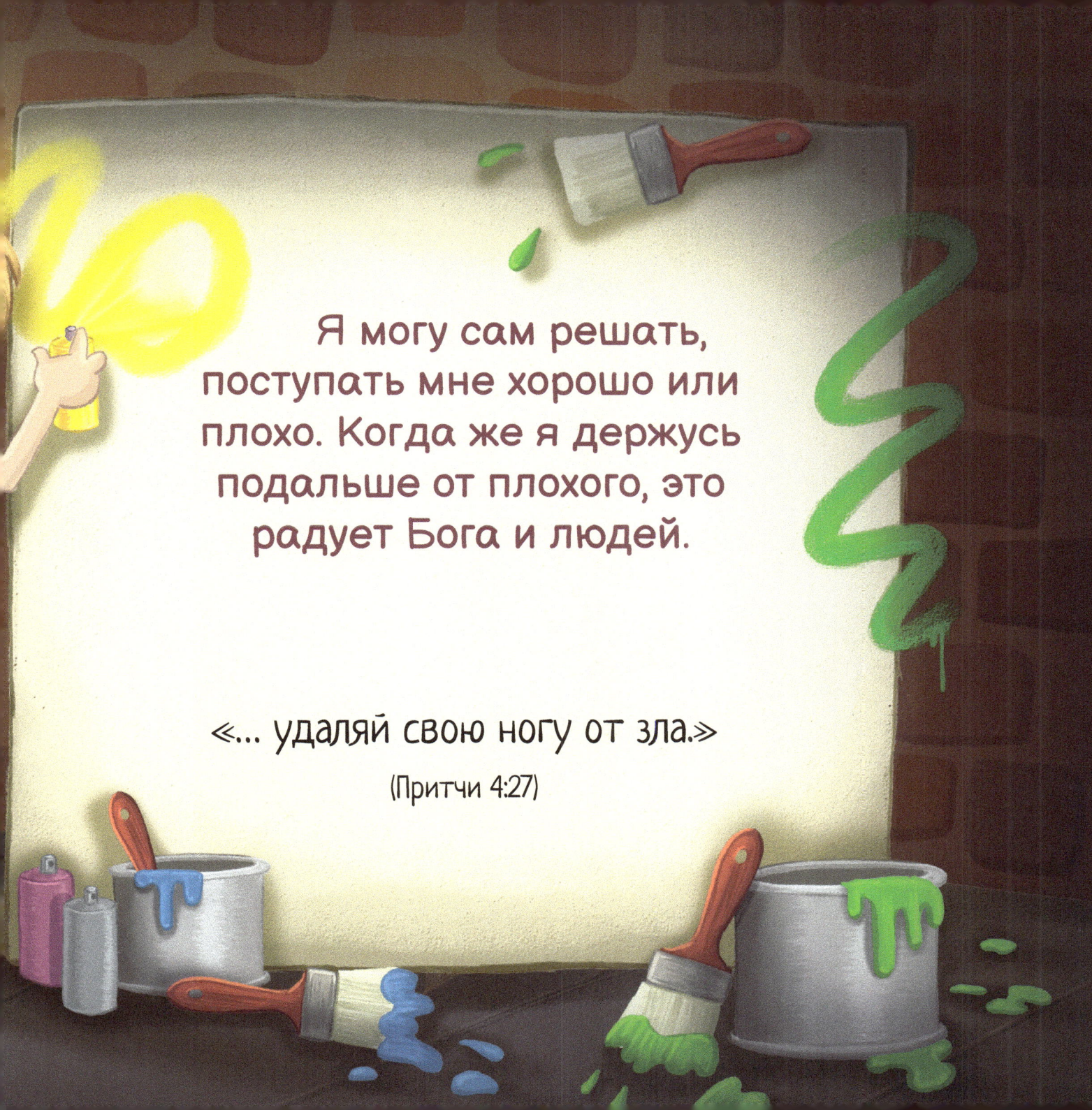

Я могу сам решать, поступать мне хорошо или плохо. Когда же я держусь подальше от плохого, это радует Бога и людей.

«... удаляй свою ногу от зла.»

(Притчи 4:27)

Когда я делюсь тем, что у меня есть с другими, Бог благословляет меня. Я счастлив, когда забочусь о людях, и это их также радует.

«Щедрая душа будет насыщена;»

(Притчи 11:25)

Мне нужно постоянно выполнять мои задания усердно и прилежно. Это не всегда легко, но когда я вижу, что все хорошо сделано, мне приятно и тогда я чувствую Божье благословение.

«От всякого тяжелого труда бывает прибыль...»

(Притчи 14:23)

Я хочу быть настоящим другом, поэтому я должен быть любезным всегда, а не только тогда, когда я хочу получить что-то взамен.

«Друг любит во всякое время.»

(Притчи 17:17)

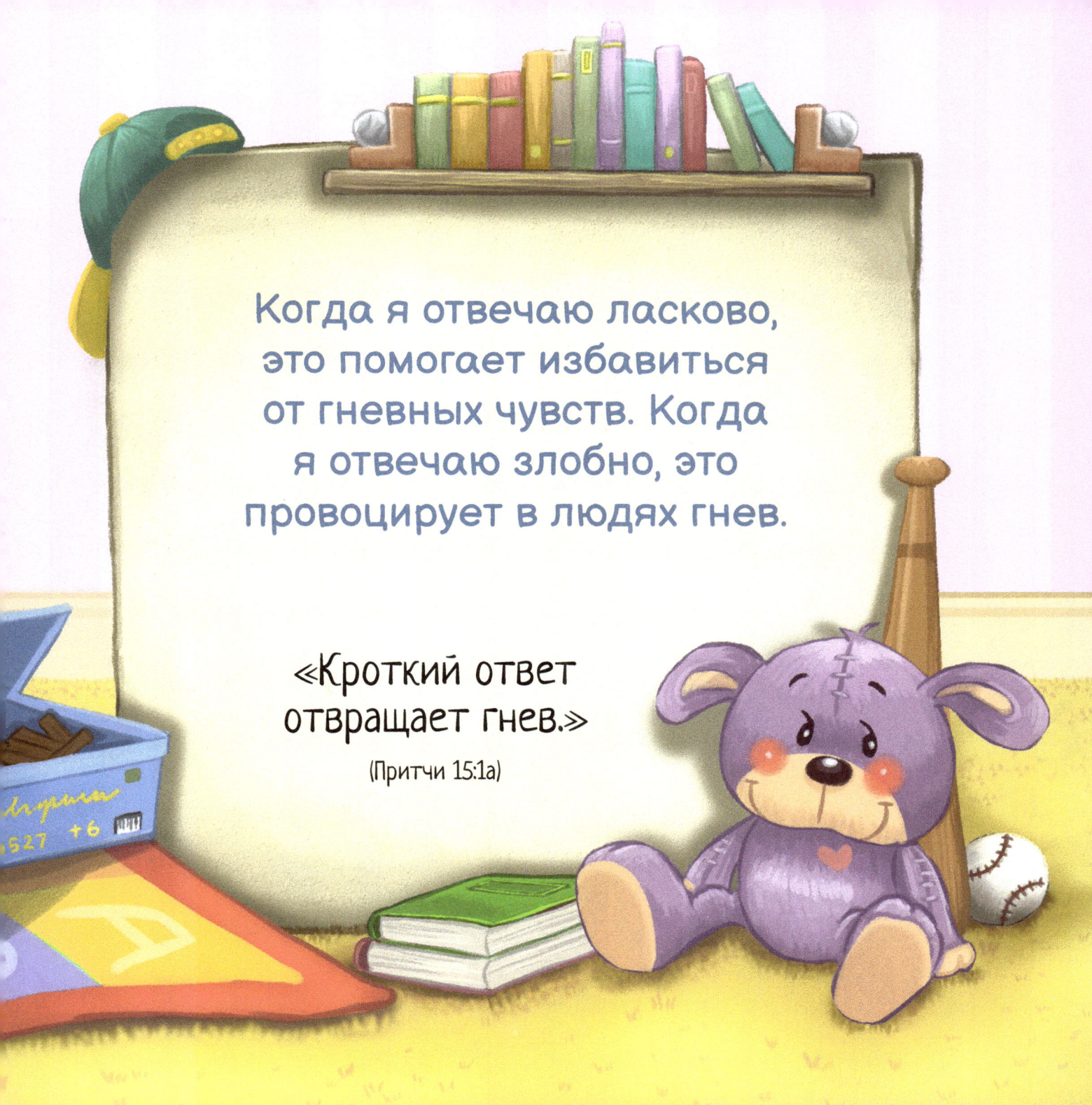

Когда я отвечаю ласково, это помогает избавиться от гневных чувств. Когда я отвечаю злобно, это провоцирует в людях гнев.

«Кроткий ответ отвращает гнев.»

(Притчи 15:1а)

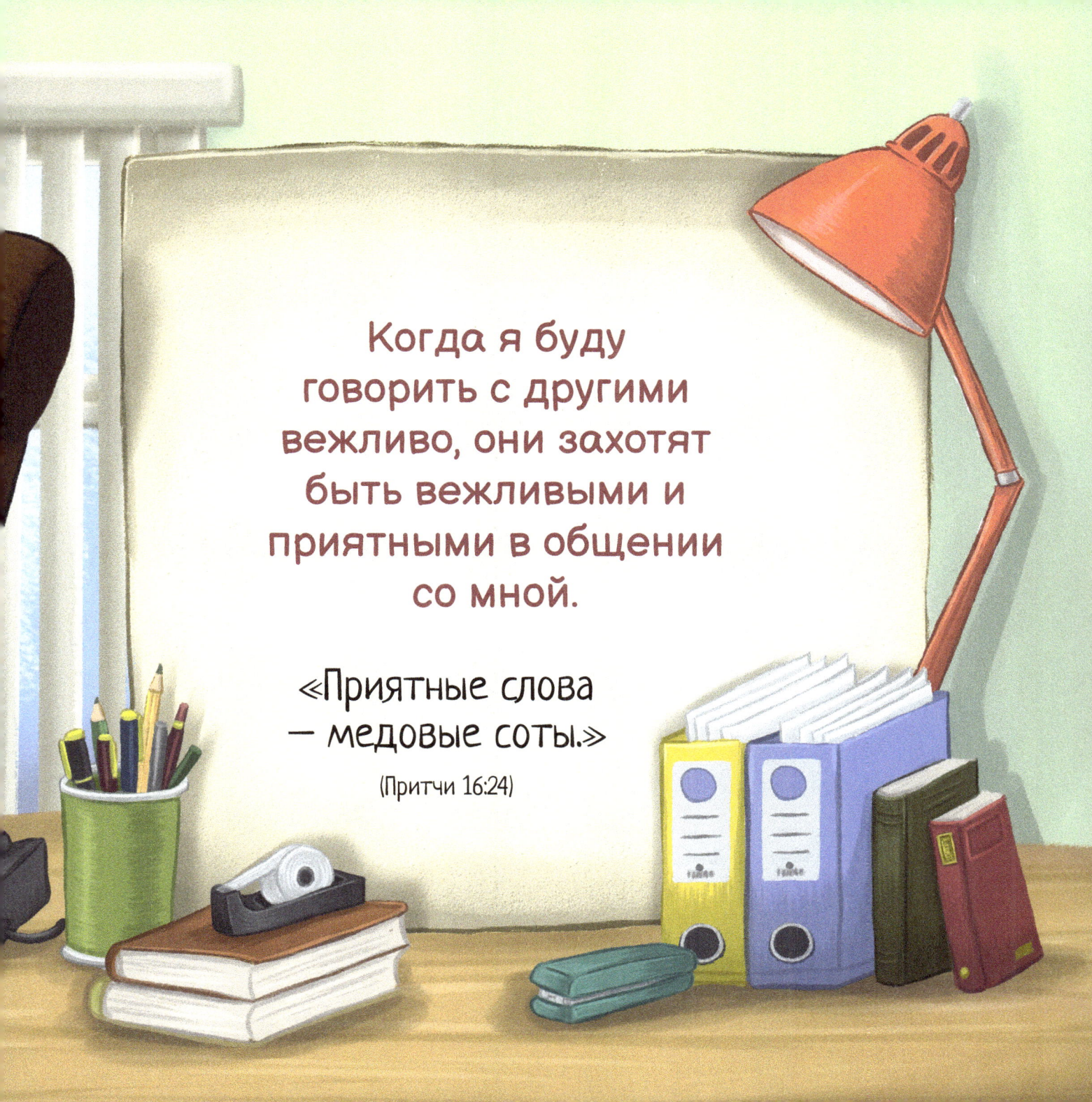

Когда я молюсь и прошу Бога помогать мне в моих делах, у меня все получается намного лучше.

«Вверяй свое дело Господу, и осуществится задуманное тобой.»

(Притчи 16:3)

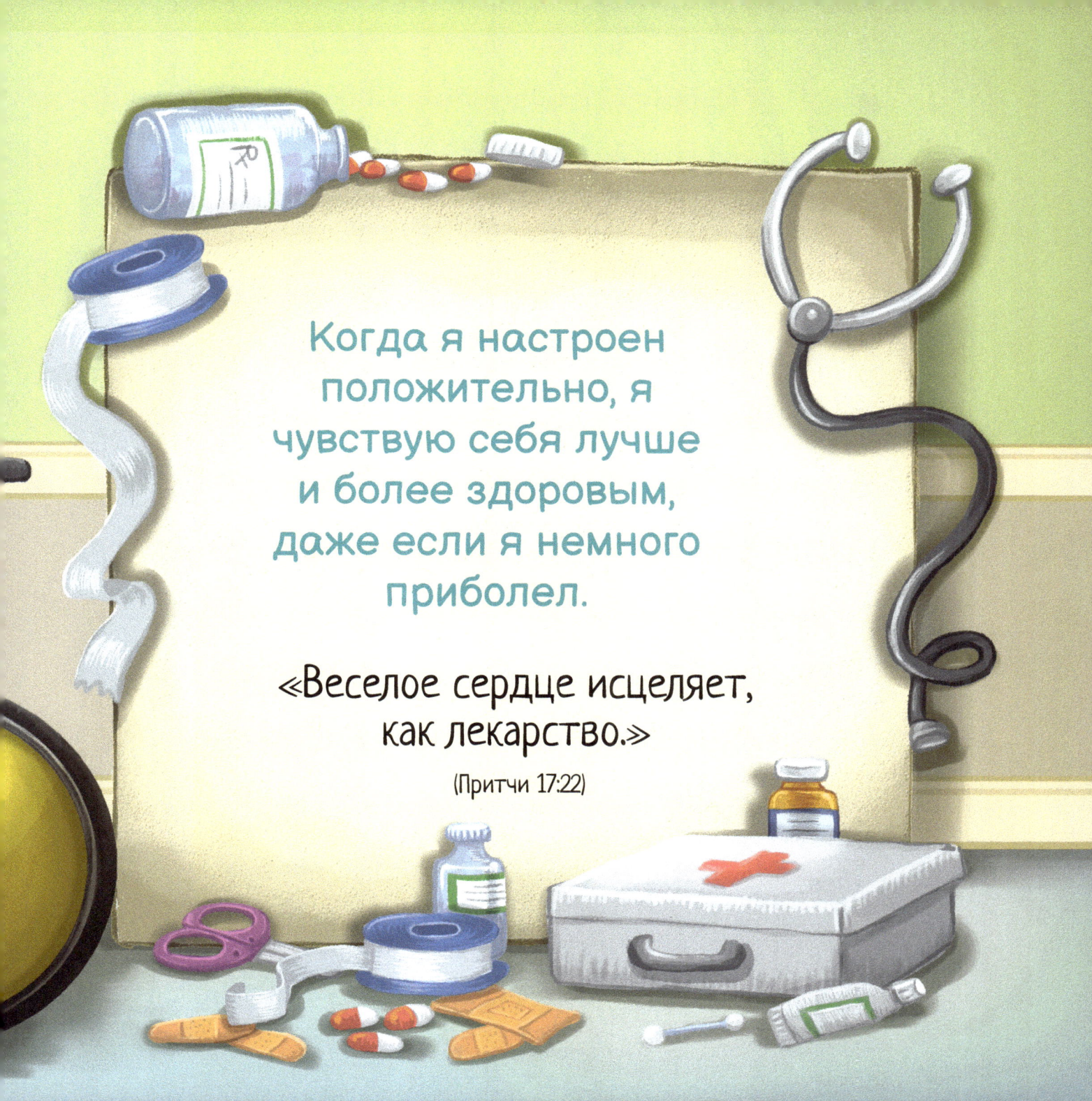

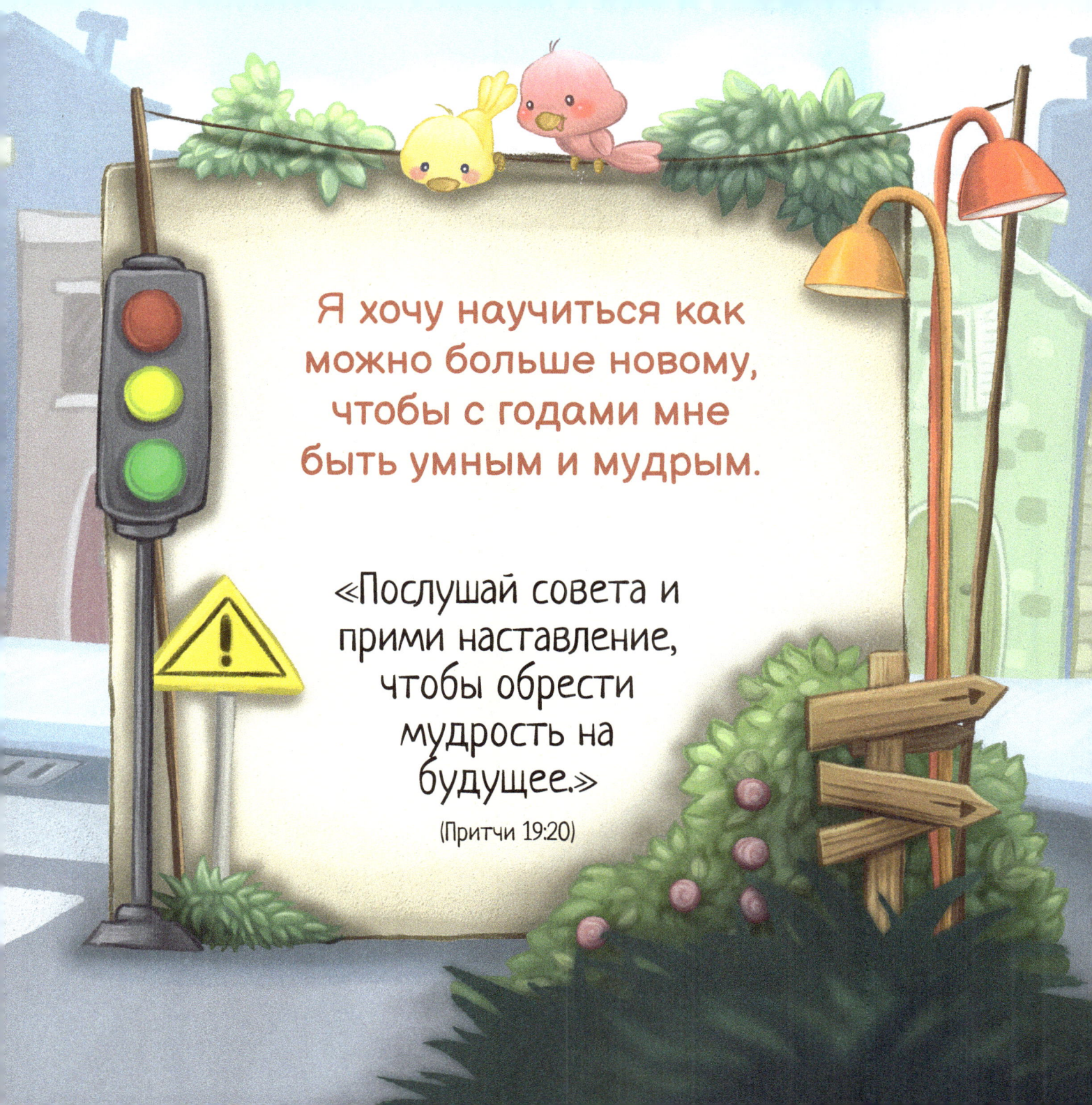

Я хочу научиться как можно больше новому, чтобы с годами мне быть умным и мудрым.

«Послушай совета и прими наставление, чтобы обрести мудрость на будущее.»

(Притчи 19:20)

Больше книг в этой серии:

Опубликовано iCharacter Ltd. (Ireland)
www.icharacter.org
Составлено Агнес де Безенак
Перевод: Наталия Феррейра
Авторское право 2020.

www.icharacter.org

Авторское право © 2020 iCharacter Ltd. Все права защищены. Никакая часть этой книги не может быть воспроизведена в любой форме или любым электронным или механическим способом, включая системы хранения и поиска информации, без письменного разрешения издателя или автора, за исключением случаев, когда рецензент может процитировать краткие отрывки, использованные в критических статьях или в рецензии.

www.ingramcontent.com/pod-product-compliance
Lightning Source LLC
Chambersburg PA
CBHW040012080526
44586CB00028B/2983